BEI GRIN MACHT SICH IHR WISSEN BEZAHLT

Datenschutz und Datensicherheit im Cloud Computing

Steffen Friesen

Bibliografische Information der Deutschen Nationalbibliothek:

Die Deutsche Nationalbibliothek verzeichnet diese Publikation in der
Deutschen Nationalbibliografie; detaillierte bibliografische Daten sind
im Internet über http://dnb.d-nb.de abrufbar.

ISBN: 9783346502346
Dieses Buch ist auch als E-Book erhältlich.

© GRIN Publishing GmbH
Nymphenburger Straße 86
80636 München

Druck und Bindung: Books on Demand GmbH, Norderstedt Germany
Gedruckt auf säurefreiem Papier aus verantwortungsvollen Quellen

Das Buch bei GRIN: https://www.grin.com/document/1131047

FOM Hochschule Köln

Bachelor of Science - Informatik

Seminararbeit zum Thema:

Datenschutz und Datensicherheit im Cloud Computing

Angefertigt im Rahmen des Seminars:

IT-Infrastruktur

WS 2020

Steffen Friesen,

Inhaltsverzeichnis

Abbildungsverzeichnis

1.   Einleitung

„If someone asks me what cloud computing is, I try not to get bogged down with definitions. I tell them that, simply put, cloud computing is a better way to run your business.“[1]

Marc Russell Benioff definiert den Begriff des Cloud-Computing ganz simpel. Für ihn ist es ein besserer Weg sein Geschäft zu betreiben. Stimmt das? Oder verbirgt sich hinter dem Begriff des Cloud-Computing ein Berg voller Probleme? Was Cloud-Computing bedeutet und welche Risiken/Gefahren in Bezug auf Datenschutz und Datensicherheit dabei zu beachten sind, wird in dieser Arbeit geklärt. In Kapitel 2 wird der Begriff des Cloud-Computings näher erläutert. Danach erfolgt in Kapitel 3 ein detaillierter Blick auf den Begriff des Datenschutzes und anschließend in Kapitel 4 eine Erklärung des Begriffs Datensicherheit. In Kapitel 5 wird das Bezug auf die bestehenden Probleme des Cloud-Computings in Bezug auf Datenschutz und Datensicherheit genommen, um in Kapitel 6 Empfehlungen auszusprechen, was bei der Auswahl eines Cloud-Anbieters zu beachten ist.

2.   Cloud Computing

Die Cloud ist ein großes Netzwerk aus Servern, dass über die ganze Welt verteilt ist.   „Die Server sind dazu ausgelegt, Daten zu speichern oder zu verwalten, Anwendungen auszuführen oder Inhalte und Dienste wie das Streamen von Videos, Web-Mail, Software für die Büroproduktivität oder soziale Medien zu liefern.“[2] Deshalb ist es möglich, von jedem beliebigen Ort auf seine Daten und Dateien zu zugreifen.[3] Dazu gehören vier Modelle, wie Ressourcen über die Cloud bereitgestellt werden können:

Das erste Modell besteht über die sogenannte Public Cloud, auch External Cloud genannt. Hierbei ist es wichtig, dass der Anbieter und der Nutzer der Cloud nicht derselben Organisatorischen Einheit angehören, denn der Anbieter stellt den Nutzern bestimmte Dienste zur Verfügung.[4] Ein Beispiel für Dienste in der Public Cloud sind die Service von Microsoft Office 365.

Das zweite Modell ist die Bereitstellung von Ressourcen über die Private Cloud, auch Internal Cloud oder IntraCloud genannt. Sie ist nicht für die Öffentlichkeit zugänglich und kommt zum

---

[1] Benioff Marc (Founder, CEO, and Chairman of Salesforce)
[2] Microsoft ,o.S.
[3] Microsoft, o.J., o.S.
[4] Baun 2011, S.25

Einsatz, wenn der Anbieter und die Benutzer der bereitgestellten Dienste derselben Organisatorischen Einheit angehören.[5] Diese Lösung bietet sich zum Beispiel für Unternehmen an, die ihre Cloud-Dienste bzw. Daten und Dateien Firmen intern teilen möchten, ohne jeweils eine Kopie auf dem eigenen Rechner zu haben.

Das Dritte Modell bezieht sich auf den Zusammenschluss mehrerer Private Clouds. Dieses Modell wird Community Cloud genannt.

Das vierte Modell ist eine Hybrid-Lösung der zuvor beschriebenen Public und Private Cloud, sie wird Hybrid Cloud genannt. „In der Regel werden bestimmte Funktionalitäten oder Lastspitzen in die Public Cloud ausgelagert, während der Regelbetrieb über die Privaten Ressourcen erfolgt."[6] Hier ist zu bedenken, dass nur Dienste ausgelagert werden sollten, die für die Öffentlichkeit zugänglich sind und nicht für interne Zwecke in einem Unternehmen gebraucht werden. Die folgende Abbildung zeigt, wie die drei der beschriebenen vier Modelle nebeneinander existieren:

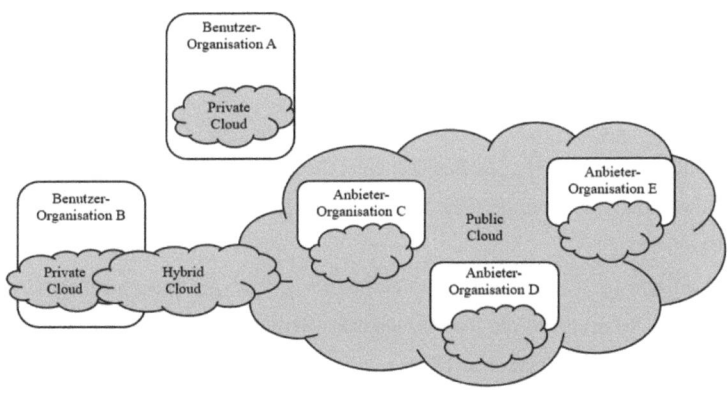

Abbildung 1 – Darstellung verschiedener Cloud-Modelle - In Anlehnung an Baun, C. et al., 2010, S.26

Weiterhin gehören verschiedene Serviceschichten in den Bereich des Cloud-Computings. Zu den Serviceschichten einer Cloud gehören Infrastructure-as-a-Service (IaaS), Platform-as-a-Service (PaaS), Software-as-a-Service (SaaS), Function-as-a-Service (FaaS).

---

[5] Baun 2011, 2011
[6] Baun 2011, S.27

Die IaaS beinhaltet die Bereitstellung einer Benutzeroberfläche bzw. Benutzerschnittstelle in der sich der Nutzer seine Ressourcen eigenständig verwalten kann.[7] „Typische Funktionalitäten an der Benutzerschnittstelle sind das Anlegen bzw. Beseitigen von Betriebssystem-Abbildern, die Skalierung von beanspruchten Kapazitäten oder die Definition von Netzwerktopologien."[8]

Die PaaS beinhaltet sogenannte Programming Environments (PE) und Execution Environments (EE) Umgebungen. In diesen Umgebungen lässt sich die eigene Software in einer bestimmten Programmiersprache entwickeln.[9]

Die SaaS richtet sich an den Endkunden. Dadurch das die Software in der Cloud zur Verfügung gestellt wird, entfällt beim Benutzer die Installation der Software sowie die Bereitstellung der Ressourcen um die Software zu nutzen.[10] Aus Perspektive der beschriebenen Cloud-Architektur kann das SaaS-Angebot auf Basis eines Angebots in PaaS oder IaaS beim Provider entwickelt und betrieben werden."[11]

Wie der Name FaaS schon sagt, handelt es sich um Funktionen die in der Cloud laufen. Es ist ein ereignisgesteuertes Ausführungsmodell, welche in Containern bereitgestellt wird. Diese sind zustandslos, flüchtig und werden komplett von einem Cloud-Anbieter gemanagte.[12]

Des Weiteren weisen alle Cloud-Services gemeinsame Merkmale auf. Nachfolgend werden die gängigsten fünf Merkmale aufgelistet:

- On-demand self-service: Die Benutzer einer Cloud können sich selbst Rechenkapazitäten wie CPU-Zeit, Speicherplatz oder auch Software wie ein Betriebssystem bereitstellen.

- Broad network access: Hierdurch ist gewährleistet, dass von unterschiedlichen Geräten über das Netzwerk auf die Cloud zugegriffen werden kann. Die Geräte können Notebooks, Smartphones oder auch PDAs sein.

- Ressource pooling: Zur Optimierung der Kostenstruktur oder der allgemeinen Struktur werden Ressourcen in sogenannten Pools zusammengefasst. Allerdings ist der exakte Ort nicht bekannt, an dem sich die Daten und Ressourcen befinden.

- Rapid elasticity: Es wird gewährleistet, dass eine bedarfsgerechte, flexible und schnelle Anpassung an Last-Veränderungen passiert.

---

[7] Vgl. Baun 2011, S. 29
[8] Baun 2011, S.29 f.
[9] Vgl. Baun 2011, S. 33
[10] Baun 2011
[11] Baun, 2011, S.35
[12] Vgl. RedHat, o.J., o.S.

- Measured Service: Hierunter ist die exakte Erfassung der Abgerufenen Dienstleitungen zu verstehen, welche zur Transparenz beiträgt.[13]

3. Datenschutz

Da die Nutzung von Cloud-Diensten mit der Verarbeitung und Speicherung von personenbezogenen Daten einhergeht, finden hier auch Vorschriften, Grundsätze, Gesetze und Rechtsprechungen Anwendung.[14]

Wird von der Verarbeitung und der Speicherung der personenbezogenen Daten gesprochen, müssen im Allgemeinen dabei zwei Möglichkeiten unterschieden werden. Erstens die Auftragsdatenverarbeitung und zweitens die Übermittlung von Daten. Eine Auftragsdatenverarbeitung ist gemäß §11 BDSG nur zulässig, wenn ein Schriftlicher Vertrag zwischen dem Nutzer und dem Cloud-Dienst Anbieter, über die Datenverarbeitung abgeschlossen wurde und Regelungen enthält, die auf den Punkten im §11 Abs. 2 BDSG aufbauen. Jedoch werden nicht immer alle Anforderungen aus dem §11 BDSG wortwörtlich umgesetzt, da der ausgehandelte Vertrag individuell ist. Bei der Übermittlung von Daten ist gemäß §4 Abs. 1 BDSG eine Einwilligung des Betroffenen nötig, dass die Daten weitervermittelt werden dürfen.[15] Des Weiteren spielen die Begriffe Anonymisierung und Pseudonymisierung bei der Datenverarbeitung eine große Rolle. Anonymisierung von Daten bedeutet, dass personenbezogene Daten bei der Verarbeitung so abgeändert (anonymisiert) werden, dass keine Zuordnung zu einer Person mehr möglich ist. Gemäß §3 Abs. 6 BDSG ist die Anonymisierung folgendermaßen definiert: „Anonymisieren ist das Verändern personenbezogener Daten derart, dass die Einzelangaben über persönliche oder sachliche Verhältnisse nicht mehr oder nur mit einem unverhältnismäßig großen Aufwand an Zeit, Kosten und Arbeitskraft einer bestimmten oder bestimmbaren natürlichen Person zugeordnet werden können." Außerdem ist die Anonymisierung deutlich datenschutzfreundlicher als viele andere Maßnahmen. Bei Pseudonymisierung werden im Gegensatz zur Anonymisierung die personenbezogenen Daten gespeichert und anschließend in einem Verfahren verfremdet. Gemäß §3 Abs. 6a BDSG ist die Pseudonymisierung folgendermaßen definiert: „Pseudonymisieren ist das Ersetzen des Namens und anderer Identifikationsmerkmale durch ein Kennzeichen zu dem Zweck, die Bestimmung des Betroffenen auszuschließen oder wesentlich zu

---

[13] Vgl. NIST, 2011, o.S.
[14] Vgl. Lüpken-Räder G., 2013, S.76
[15] Vgl. Lüpken-Räder G., 2013, S.77 ff.

erschweren." Allerdings besteht bei der Pseudonymisierung die Gefahr, das pseudonymisierte Daten miteinander verkettet sind und somit die Identität einer Person aufdecken.[16]

Neben einigen gesetzlichen Regelungen gibt es auch Grundsätze die von den Fachleuten gelebt und in der täglichen Arbeit berücksichtigt werden. Beispielhaft werden drei Datenschutzgrundsätze aufgelistet und erläutert:

Qualität vor Quantität:
Im Vordergrund sollte immer die Qualität der Daten stehen und nicht die Quantität.

Privacy by Design:
Dieser Grundsatz sagt aus, dass der Datenschutz und dessen Erfordernisse bereits in der Konzeption und Entwicklung von Anwendungen bzw. Cloud-Diensten berücksichtigt werden soll. Damit soll vermieden werden, dass Probleme beim Datenschutz im Nachhinein korrigiert werden müssen. Dies kann mitunter sehr viel Zeit in Anspruch nehmen und dem ein oder anderen Projekt das Geld aus der Tasche ziehen.

Privacy by Default:
Privacy by Default sagt, dass der Nutzer eine Anwendung bzw. einen Cloud-Dienst mit den datenschutzfreundlichsten Einstellungen verwendet. Um das zu gewährleisten sollen die Voreinstellungen der Anwendungen und Cloud-Dienste so gewählt werden, dass die Privatsphäre des Nutzers bestmöglich geschützt ist.[17]

Wie bereits erwähnt gibt es einige Grundsätze die Gesetzlich geregelt werden. Diese finden sich in Artikel 5 der DS-GVO wieder. Nachfolgend werden die gesetzlich geregelten Grundsätze aufgezählt:

- Rechtmäßigkeit – Verbot mit Zulässigkeitstatbeständen/Erforderlichkeit (Art. 5 Abs. 1 lit. a Var. 1 DS-GVO)
- Verarbeitung nach Treu und Glauben (Art. 5 Abs. 1 lit. a Var. 2 DS-GVO)
- Grundsatz der Transparenz (Art. 5 Abs. 1 lit. a Var. 3 DS-GVO)
- Zweckbindungsgrundsatz (Art. 5 Abs. 1 lit. b DS-GVO)
- Grundsatz der Datensparsamkeit / Datenminimierung (Art. 5 Abs. 1 lit. c DS-GVO), Systemdatenschutz
- Richtigkeit (Art. 5 Abs. 1 lit. d DS-GVO)

---

[16] Vgl. Schaar P., 2012, S. 368 ff.
[17] Vgl. Lüpken-Räder G., 2013, S.108 f.

5

- Speicherbegrenzung (Art. 5 Abs. 1 lit. e DS-GVO)
- Integrität und Vertraulichkeit / Datensicherheit (Art. 5 Abs. 1 lit. f DS-GVO)
- Rechenschaftspflicht (Art. 5 Abs. 2 DS-GVO)[18]

Um zu gewährleisten, dass betroffene Personen die Entscheidungsgewalt darüber haben, was mit ihren Daten passiert, werden ihnen einige Rechte zur Verfügung gestellt die ihnen helfen ihre Forderungen durchzusetzen. Betroffene Personen haben das Recht, Informationen zu erhalten, dass personenbezogene Daten von ihnen gespeichert werden. Dieses Recht findet sich im Transparenzgrundsatz des Art. 5 Abs. 1 lit. a DS-GVO wieder. Wenn die personenbezogenen Daten direkt bei der betroffenen Person erhoben werden, greift Art. 13 DS-GVO ein. Werden Daten nicht direkt bei der betroffenen Person erhoben, sondern über Dritte, zum Beispiel einer öffentlichen Quelle, greift Art. 14 DS-GVO ein.[19]

Wer gegen diese Gesetze und Rechte verstößt muss mit Rechtsfolgen rechnen. Diese Rechtsfolgen werden sowohl in der DS-GVO als auch im BDSG aufgeführt. Eine Rechtsfolge bei einem Verstoß können Bußgelder sein, welche an Verantwortliche und Auftragsverarbeiter verhängt werden können. Das Bußgeld wird in Art. 83 DS-GVO festgehalten. Wie hoch die tatsächlichen Bußgelder sein können wird in Art. 83 Abs. 1 und 2 DS-GVO ausgeführt.[20] Weitere Maßnahmen bei Verstößen sind der Schadenersatz, sowie das verhängen von Strafrechtlichen Sanktionen.[21]

Die Gesetze, Grundsätze und Rechte der betroffenen Personen geben somit an, worauf bei der Umsetzung von Systemen zu achten ist.

4. Datensicherheit

Die Aufrechterhaltung der Datensicherheit befindet sich in einem ständigen Wandel, da immer wieder neue Sicherheitslücken, Schwachstellen und Sicherheitsanforderungen hinzukommen. Um weiterhin gewährleisten zu können, dass die Daten sicher sind ist die Datensicherheit als

---

[18] Vgl. Kühling, Klar, Sackmann, 2018, S. 140 - S.152 f.
[19] Vgl. Kühling, Klar, Sackmann, 2018, S. 241

[20] Vgl. Kühling, Klar, Sackmann, 2018, S. 294
[21] Vgl. Kühling, Klar, Sackmann, 2018, S. 296 f.

Prozess zu verstehen. Wie in Abbildung XX zu sehen, besteht dieser Prozess aus Analyse/Design, Umsetzung und Überwachung der Sicherheitsanforderungen.

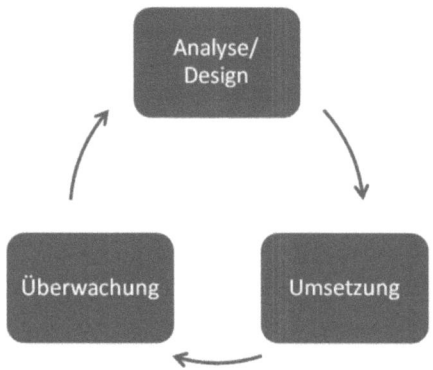

Abbildung 2 – Datensicherheitsprozess - In Anlehnung an Kappes et al, 2007, S. 11

Weitere wichtige Aspekte der Datensicherheit sind die sogenannten Schutzziele. Auch im Umfeld des Cloud-Computings sind diese von großer Bedeutung. Zu den wohl bekanntesten Schutzzielen gehören die Vertraulichkeit, Integrität und Verfügbarkeit. Des Weiteren sind im Umfeld der Cloud die Begriffe Authentizität, Transparenz und Zugriffskontrollen wichtig.

Das Schutzziel Vertraulichkeit sagt aus, dass kein unautorisierter Zugriff auf die Anwendung bzw. die Daten erfolgen kann. Dies erfordert die Festlegung von Berechtigungen und Kontrollen.[22]

Integrität als Schutzziel bedeutet, dass es nicht möglich ist, unautorisiert und unbemerkt, zu schützende Daten zu manipulieren. „Die Integrität von Daten Nachrichten und Informationen bezeichnet deren Unverfälschlichkeit bzw. Vertrauenswürdigkeit."[23]

Das Schutzziel Verfügbarkeit wird durch die DIN 40042 definiert. Sie sagt aus, dass „ein System zu einem Zeitpunkt in einem funktionsfähigen Zustand anzutreffen"[24] sein soll. Weiterhin darf die Verfügbarkeit nicht durch unautorisierte Aktionen oder Angriffe beeinträchtigt werden.[25]

---

[22] Vgl. Terplan, Viogt, 2011, S. 78
[23] Terplan, Viogt, 2011, S. 79 f.
[24] Terplan, Voigt, 2011, S. 80
[25] Vgl. Terplan, Voigt, 2011, S. 81

Authentizität bedeutet, dass ein Objekt bzw. ein Subjekt glaubwürdig sind. Wird die Authentizität einer Information betrachtet, bedeutet das, dass die Information über einen sicheren Weg dem Sender zugeordnet werden kann. Außerdem gibt es einen Nachweis darüber, dass die Information unverändert versendet worden ist. Somit wird einer Täuschung des Empfängers durch den Sender vorgebeugt.[26]

Transparenz im Umfeld des Cloud-Computings bedeutet, dass Systeme für eine Entität, also Komponenten, Systeme oder Menschen, erkennbar sind. Es dient dazu die Rechtskonformität im Bereich des Datenschutzes mit entsprechenden technischen und organisatorischen Mitteln nachweisen zu können.[27]

Zugriffskontrollen beschreiben, in welcher Form auf Ressourcen zugegriffen werden kann und wie diese geschützt werden. Dies kann z.B. in Form von Rollenbasierten Zugriffskontrollen geschehen.[28]

5. Probleme/Gefahren im Cloud Computing Bezug auf Datenschutz und Datensicherheit in Unternehmen

Durch Cloud-Computing werden vielen Unternehmen neue Möglichkeiten geboten. Insbesondere stechen für Unternehmen jedoch die ökonomischen Aspekte. wie die Steigerung der Kosteneffizienz, Flexibilität und der Agilität heraus.[29] Nachfolgend werden allgemeine Gefahren und Probleme des Cloud-Computings in Bezug auf Datenschutz und Datensicherheit erläutert.

5.1. Probleme/Gefahren beim Datenschutz

Die Probleme beim Datenschutz sind nur für die Nutzung von Public Clouds von Bedeutung, denn der Datenverkehr aus der Private Cloud verlässt meist nicht das Unternehmen.

Sogenannte Rechtsunsicherheiten führen dazu, dass unzureichende Datenschutzmaßnahmen durchgeführt werden. Deswegen sollte geklärt sein, wer für die Verarbeitung von Personenbezogenen Daten verantwortlich ist. Wenn klar ist, dass der Service in einem Drittland angeboten

---

[26] Vgl. Eckert, 2012, S. 459
[27] Vgl. Schonschek, 2017. o.S.
[28] Vgl. Reichert, 2019, o.S.
[29] Vgl. Vogel, R. et al., S. 136

wird, muss ein ausreichendes Datenschutzniveau sichergestellt werden, dass „den Anforderungen des für den Auftraggeber geltenden Datenschutzrechts

entspricht"[30]

Weiterhin stellt sich die Frage des Drittzugriffs. Dafür spielt der Datenverarbeitungsort eine wichtige und entscheidende Rolle, denn es gelten die Gesetze des Staates in der sich die Daten physisch befinden bzw. in dem das Unternehmen seinen Hauptsitz hat. In den meisten fällen wird den Behörden (Polizei, Gemeindiensten, Strafverfolgungsbehörden) ein legaler Zugang zu den Daten gewährt. Auch weitere Behörden wie z.b. Finanz- und Einwanderungsbehörden wird ein Zugriff auf die Cloud-Daten gewährt. In Länder, die keinen Grundrechts- und Rechtsschutzstandard besitzen, handelt es sich bei solchen Zugriffen jedoch um eine existenzielle Gefährdung. [31]

Auch die USA haben einen weiteren legalen Weg, um auf die Daten in der Cloud zuzugreifen. Die Rechtsgrundlage hierfür bildet der USA PATRIOT Act (Uniting and Strengthening America by Providing Appropriate Tools Required to Intercept and Obstruct Terrorism Act). Dieses Bundesgesetz wurde 2001 nach den Anschlägen des 11. September vom Kongress verabschiedet. Dem FBI wird vom FISC (Foreign Intelligence Surveillance Court) ermöglicht, Zugang zu allen benötigten Daten zu erhalten.[32] Neben der Vielzahl von legalen Zugriffen, welche von der jeweiligen Rechtslage im Staat abhängig sind, existieren auch Gefahren durch illegale Drittzugriffe. Diese können jedoch durch technisch-organisatorische Maßnahmen reduziert werden. Szenarien für einen illegalen Zugriff werden deshalb im Kapitel 6.1 näher erläutert.

Ebenfalls ist das Angebot der Cloud-Anbieter in Bezug auf den Datenschutz wichtig, jedoch variiert es von Anbieter zu Anbieter sehr stark. Z.B. sind deutsche Nutzer der Cloud an das deutsche Datenschutzrecht gebunden. Somit kommen nur Angebote in Frage, die dem europäischen Datenschutzstandard unterliegen.[33] Trotz der einheitlichen Datenschutzrichtlinie, sind es für Cloud-Anbieter die unterschiedlichen Regelungen zum Datenschutz in den jeweiligen Staaten die zu einer Rechtsunsicherheit führen. Für die Anwender der Cloud ist es die Auftragsdatenverarbeitung, dessen Anforderungen nur schwer oder gar nicht umzusetzen sind.[34]

---

[30] Vgl. Münch, 2010, S. 257
[31] Vgl. Weichert, 2010, S. 683 f.
[32] Böken, 2012, S. 110
[33] Böken, 2012, S. 113
[34] Duisberg, 2011, S. 59

5.2.   Probleme/Gefahren bei der Datensicherheit

Um die Gefahren und Probleme in Bezug auf Datensicherheit im Cloud-Computing zu veran-
schaulichen, werden hier einige Angriffe auf eine Cloud vorgestellt. Dabei wird zwischen ex-
ternen und internen Angriffen unterschieden. Wie diesen Gefahren entgegen gewirkt werden
kann wird in Kapitel 6 dargestellt.

5.2.1.   Externe Angriffe

Es gibt eine Vielzahl externer Angriffe die auf eine Cloud ausgeführt werden. Nachfolgende
werden einige der gängigsten Angriffsmethoden erläutert.

5.2.1.1.   Angriff auf Datentransporte

Dadurch das die Datenmengen der Cloud zunächst durch Rechnernetze transportiert werden,
birgt jeder Transport das Risiko, dass die Daten abgehört, mitgeschnitten oder verfälscht werden.[35] Allerdings ist dieses Risiko als eher gering einzustufen, dass die meisten Unternehmen
bereits über Verschlüsselung Techniken verfügen, die eine sichere Kommunikation gewährleisten. Trotzdem wächst das Risiko mit der steigenden Menge an Daten und der Anzahl der
Kommunikationsknoten, die am Transport beteiligt sind.

5.2.1.2.   Angriff auf Cloud Anwendungen

Da eine Cloud-Anwendung auf eine Verbindung zum Internet oder zum Unternehmensnetz-
werk angewiesen ist, besteht hier ein weiteres Einfallstor für Angriffe. Angreifer machen sich
diese Verbindungen zu Nutze um z.B. Schadsoftware im Netzwerk zu verteilen oder auf die
Daten zuzugreifen.

5.2.1.3.   Angriff auf Clientseitige Anwendungen

Hierbei handelt es sich um einen Angriff auf die Anwendung, mit denen die Cloud-Anwendun-
gen genutzt und gesteuert werden. Der Computer eines Nutzers im Unternehmen wird dabei

---

[35] Schmitz, 2010, o.S.

kompromittiert. Dadurch können Passwörter abgehört werden um diese dann zu missbrauchen oder der Computer wird für den weiteren Angriffsverlauf ferngesteuert. Solche eine Art von Angriff kann z.b. mit Trojanern durchgeführt werden. Bei einem Trojaner handelt es sich um „ein bösartiges Programm, das vorgibt harmlos zu sein um Menschen dazu zu bringen es herunterzuladen."[36]

5.2.1.4.   Angriffe durch Kunden

Um sich den Angriff auf die Cloud-Anwendung zu erleichtern, kann der Angreifer selbst Kunde beim Cloud-Anbieter werden. Eine Möglichkeit eines solchen Angriffs ist die Übernahme von Sessions. Der Kunde meldet sich dabei über seine korrekten Zugangsdaten ein und versucht durch die Manipulation des Datenverkehrs zusätzliche Rechte zu erhalten oder einem anderen Kunden die Session zu stehlen. Dies wird auch als Session- oder Cloud-Account-Hijacking[37] bezeichnet.

5.2.2.   Interne Angriffe

Eine Möglichkeit für Interne Angriffe ist ebenfalls das Abhören der Daten, diesmal nicht durch den Kunden, sondern durch einen Mitarbeiter, auch Insider genannt. Das funktioniert ähnlich wie in Kapitel 5.2.1.4 beschrieben, allerdings hat der Insider die Möglichkeit dies effektiver und an einer besseren Stelle durchzuführen. Des Weiteren hat er die Möglichkeit die Daten direkt auf dem Server des Anbieters zu manipulieren. Da der Insider auch Kenntnisse über die Schwachstellen eines Unternehmens hat, kann er auch einen Angriff von außen durchführen. Diese Methode hat den Vorteil, dass der Angriff nicht auf ihn persönlich zurückzuführen ist.

6.   Empfehlung für eine sichere Nutzung von Cloud Computing in Unternehmen

Im folgenden Kapitel werden Maßnahmen empfohlen, die dazu beitragen das Cloud-Computing in Bezug auf Datenschutz und Datensicherheit für Unternehmen zu verbessern. Dabei werden allgemeine Schutzmaßnahmen beschrieben, eine Empfehlung für die Auftragsdatenverarbeitung und das zu nutzende Cloud-Modell ausgesprochen.

---

[36] AVG, o.J., o.S.
[37] Kumpa, 2020, o.S.

6.1. Allgemeine Schutzmaßnahmen

Unter generellen Schutzmaßnahmen sind Maßnahmen zu verstehen, die auch zur Absicherung von lokalen Systemen geeignet sind. Die sind

- Firewalls,
- Identity-Management- und Authorisationssysteme,
- Logging und Monitoring,
- Verschlüsselung von Datenspeicher und Datentransport und
- Virenscanner.

Diese Maßnahmen sind so einzusetzen, dass ein angemessenes Schutzniveau erreicht wird ohne die Produktivität der Anwender zu beschränken. Firewalls sollten logischer Weise immer auf den neuesten Stand sein. Firewall- und Sicherheitsupdates werden meist durch den Cloud-Anbieter bereitgestellt und stellen für Unternehmen meist kein Problem dar. Zudem ist dadurch gewährleistet, dass diese immer auf dem neusten Stand sind. Identity-Management- und Authorisierungssysteme dienen der „Authentifizierung von Attributen eines Nutzers, um so eine sichere Interaktion mit Informationssystemen zu ermöglichen."[38] Außerdem ist ein Aussagekräftiges Logging von großer Bedeutung. Durch ein Aussagekräftiges Logging ist es möglich, diese automatisiert auswertbar zu machen. Folgende Angaben sollten berücksichtigt werden um ein automatisiert auswertbares Logging zu ermöglichen:

- „genaue Zeitangabe in universellem, global gültigem Format,
- Bewertung des Schweregrads für jedes Ereignis,
- Identität des Kontos beziehungsweise Benutzers, der das Ereignis verursacht hat,
- Quell-IP-Adresse, die der Anfrage zugeordnet ist,
- Benutzerkontext über Anwendungsebenen hinweg, zum Beispiel über internen Webservice, alle beteiligten Backend-Services, Messaging-Queue, Datenbanken etc.,
- Ergebnis des Ereignisses und, wenn möglich, ob der Angriff erfolgreich war oder nicht."[39]

Des Weiteren sind folgende Anforderungen an das Logging und Monitoring zu beachten:

- Zentrale Funktion für alle Logging-Vorgänge

---

[38] Borges, Werners, 2018, S. 12
[39] Hirschmann, 2019, o.S.

- Mechanismus für die Log-Analyse
- Zugriff nur für autorisierte Personen
- Kein Logging von sensiblen Informationen, z.B Passwörter
- Vertrauenswürdige Daten loggen
- Ausreichender Benutzerkontext
- Angemessene Vorhaltezeit der Logs ist zu definieren
- Universelles Format ist zu wählen
- Audit-Trail mit Integritätskontrollen verwenden
- Überwachung und Alarmierung
- Notfallreaktions- und Wiederherstellungsplan muss vorhanden sein.[40]

Weiterhin sollten der Datenspeicher und Datentransport verschlüsselt werden. Hier bieten sich Verfahren wie SSL (Secure Sockets Layer), TSL (Transport Layer Security) und VPN (Virtual Private Network) an. SSL „ist die Standardtechnologie für die Absicherung von Internetverbindungen und den Schutz sensibler Daten, die zwischen zwei Systemen übertragen werden."[41] TLS ist eine aktuellere Version von SSL und bietet somit eine höhere Sicherheit.[42] Virenscanner sollten eingesetzt werden, um zu gewährleisten, dass keine Schadsoftware ins Netzwerk gelangt.

6.2.   Auftragsdatenverarbeitung innerhalb von Europa

Durch die verschiedenen Datenschutzstandards und -regelungen ist es sinnvoll eine innereuropäische Cloud zu nutzen. Dabei sollte die Auswahl des Cloud-Anbieters beachtet werden und die Voraussetzungen für die Auftragsdatenverarbeitung geprüft werden. Cloud-Anbieter die ihren Sitz in Europa haben und deren Daten in europäischen Rechenzentren verarbeiten unterliegen dem Europäischen Datenschutzrecht. Zertifikate wie z.B. ISO 27001 erleichtern die Auswahl des Cloud-Anbieters. Bei der Auftragsdatenverarbeitung ist darauf zu achten, dass der Cloud-Anbieter eine Genehmigung zur Speicherung personenbezogener Daten besitzt. Dadurch wird sichergestellt, dass einer Auftragsdatenverarbeitung rechtlich nichts mehr im Wege steht. Lediglich die Nutzung ein Private Cloud hebt das Datenschutzniveau auf ein höheres Level. Diese wird im nachfolgenden Kapitel genauer beschrieben.

---

[40] Vgl. Hirschmann, 2019, o.S.
[41] Digicert, o.J. o.S.
[42] Vgl. Digicert, o.J. o.S.

6.3. Private Cloud

Falls Unternehmen sich für eine Nutzung von Cloud Computing entscheiden, sollten sie feststellen, für welche Zwecke sie die Cloud nutzen wollen. Wenn es darum geht personenbezogene Daten mit einem hohen Datenschutzniveau zu verarbeiten, sollten Unternehmen sich das Konzept der Private Cloud genauer anschauen. Diese ermöglicht es den Anwender die Anforderungen einer Auftragsdatenverarbeitung gemäß BDSG umzusetzen. Private Cloud ist allerdings nicht gleich Private Cloud. Die sogenannten Virtual Private Clouds (VPC) sind zwar auch Private Clouds, stehen allerdings nicht im eigenen Rechenzentrum, sondern beim Cloud-Anbieter in einem gesonderten, abgetrennten Bereich. Ein Zugriff auf diese VPCs wird über VPN realisiert.[43] Allerdings steht hier der Anwender vor denselben Problemen wie bei der Nutzung einer Public Cloud, denn die Private Cloud wird innerhalb einer Public Cloud eingerichtet. Weiterhin sollten die in Kapitel 2 beschriebenen Merkmale beibehalten werden. Für eher kleinere Unternehmen sind die benötigten Ressourcen ein Problem aufgrund der der hohen Kosten und dem Aufwand der betrieben werden muss um diese zu warten. Allerdings sind eben diese Ressourcen die Voraussetzung dafür, dass Cloud Computing in der Private Cloud eine hohe Sicherheit bietet und somit ein gutes Datenschutzniveau erreicht. Eine weitere Möglichkeit besteht darin, die Private Cloud so zu gestalten, dass Public Cloud Services bei Bedarf integriert werden können. Am Ende liegt die Entscheidung jedoch beim IT-Management, welche Cloud-Strategie die richtige für ihr Unternehmen ist.

7. Fazit und Ausblick

Die zahlreichen Vorteile des Cloud-Computings bringen viele Fans mit sich. Für Privatanwender heißt das, dass er von überall auf seine Daten wie etwa Musik oder Bilder zugreifen kann ohne die lokal auf seinem Gerät zu speichern. Im Unternehmenskontext stechen die ökonomischen Vorteile und die Flexibilität des Cloud-Computings heraus. Es wurde verdeutlicht, dass im Cloud-Computing Probleme bei der Datenauslagerung bestehen. Datensicherheit und Datenschutz sind von großer Bedeutung, wenn es um die Auslagerung von Daten geht. Eine einheitliche, weltweit geltende Definition des Begriffes Cloud-Computing wäre sehr wünschenswert. Bis dahin liegt es in der Hand des Anwenders Maßnahmen zum Schutz der Daten zu ergreifen. Für kleine Unternehmen oder Privatpersonen gestaltet sich das eher schwierig, alle

---

[43] Vgl. Amazon, o.J., o.S.

Anforderungen an ein Cloud-Computing-System zu realisieren bzw. zu beachten. Unternehmen sollten sich außerdem vornehmen, die Risiken beim Einsatz von Cloud-Computing zu analysieren und daraus dann die richtigen Schlüsse ziehen. Des Weiteren können Abkommen und Zertifikate der großen Anbieter helfen eine europäische Datenschutzkonforme Lösung zu finden.

Literaturverzeichnis

Amazon (o.J.), Amazon Virtual Private Cloud, <https://aws.amazon.com/de/vpc/> [Zugriff 02-01-2021]

Amazon (o.J.), Amazon Virtual Private Cloud, <https://aws.amazon.com/de/vpc/> [Zugriff 02-01-2021]

AVG (o.J.), Was ist ein Trojaner? Handelt es sich dabei um Malware oder um einen Virus?, < https://www.avg.com/de/signal/what-is-a-trojan#topic-1> , [Zugriff 01-01-2021]

Baun, Christian (2011): Cloud Computing. Web-basierte dynamische IT-Services. 2. Aufl. Heidelberg: Springer (Informatik im Fokus).

Borges, G., Werners, B. (2018): Identitätsmanagement im Cloud Computing

Böken, A. (2012): Patriot Act und Cloud Computing: Zugriff auf Zuruf? iX - Magazin für professionelle Informationstechnik, 1:110-113

Digicert (o.J.), Was sind SSL, TLS und HTTPS?, <https://www.websecurity.digicert.com/de/de/security-topics/what-is-ssl-tls-https> [Zugriff 02.01.2021]

Duisberg, A. (2011): Gelöste und ungelöste Rechtsfragen im IT-Outsourcing und Cloud Computing. In: Picot, A., T. Götz und U. Hertz (Herausgeber): Trust in IT, Seiten 49-70. Springer, Berlin Heidelberg.

Eckert, C. (2012): IT-Sicherheit: Konzepte - Verfahren - Protokolle. Oldenbourg-Verl., München, 7., überarb. und erw. Auflage.

Hirschmann, B. (2019): Anwendungssicherheit effektiv überwachen, <https://www.computerwoche.de/a/anwendungssicherheit-effektiv-ueberwachen,3547481> [Zugriff 02-01-2021]

Kappes, M. (2007): Netzwerk- und Datensicherheit: Eine praktische Einführung. B.G. Teubner Verlag / GWV Fachverlage GmbH, Wiesbaden.

Kumpa, C. M. (2020): Cloud Account Hijacking: Best Practices gegen Kontenmissbrauch durch Cyberkriminelle, https://www.datensicherheit.de/cloud-account-hijacking-best-practices-abweht-kontenmissbrauch-cyberkriminelle [Zugriff 01.01.2021]

Lüpken-Räder, Gerda (2012): Datenschutz von A - Z.

Microsoft (o.J.), Was ist die Cloud?, <https://azure.microsoft.com/de-de/overview/what-is-the-cloud/>, [Zugriff 02-01-2021]

Münch, P.: Technisch-organisatorischer Datenschutz (2010): Leitfaden für Praktiker. Datakon-text, Verl.-Gruppe Hüthig, Jehle, Rehm, Heidelberg, 4.überarb. und erw. Auflage

NIST – National Institute of Standards and Technology (2011), The NIST Definition of Cloud Computing, <https://nvlpubs.nist.gov/nistpubs/Legacy/SP/nistspecialpublication800-145.pdf>, [Zugriff 02-01-2021]

RedHat (o. J.): Was ist das Besondere an der Cloud-Sicherheit?, <https://www.red-hat.com/de/topics/security/cloud-security>, (o. J.) [Zugriff 2020-11-25]

RedHat (o.J.): Cloudnative Anwendungen – Was ist Serverless?, <https://www.red-hat.com/de/topics/cloud-native-apps/what-is-serverless>, [Zugriff 2020-11-25]

Reichert, A. (2019): Verschlüsselung und Zugriffskontrolle: Cloud-Daten schützen, <https://www.computerweekly.com/de/tipp/Verschluesselung-und-Zugriffskontrolle-Cloud-Daten-schuetzen>, [Zugriff 2020-11-25]

Schaar, P. (2012): Anonymisierung. In T. Wichert & J.-H. Schmidt (Hrsg.), Daten-schutz, Grundlagen, Entwicklungen und Kontroversen (S.368-369). Bonn: Bundes-zentrale für politische Bildung.

Schaar, P. (2012): Pseudonymisierung. In T. Wichert & J.-H. Schmidt (Hrsg.), Daten-schutz, Grundlagen, Entwicklungen und Kontroversen (S.369-340). Bonn: Bundes-zentrale für politische Bildung.

Schmitz, P. (2010): Cloud Security Teil 2: Sicherheitsrisiko Cloud Computing - Angriffs-arten und Angreifertypen in Cloud-Computing-Systemen, <https://www.security-insi-der.de/angriffsarten-und-angreifertypen-in-cloud-computing-systemen-a-254228/>, [Zugriff 01-01-2021]

Schonschek, O. (2017): Cloud Compliance - Cloud Computing braucht mehrstufige Transparenz, <https://www.cloudcomputing-insider.de/cloud-computing-braucht-mehrstufige-transparenz-a-602772/>, [Zugriff 01-01-2021]

Vogel, R. et al. (2010): Cloud Computing. In: Desktopvirtualisierung, Kapitel 9, Seiten 119-137. Springer, Berlin Heidelberg